プリント ① 　月　日

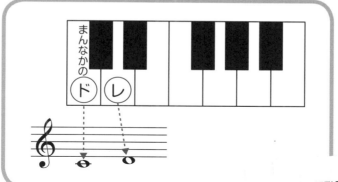

□の なかに おとの なまえを かきましょう。

プリント ② ☐月 ☐日

おんぷを よんで ☐を うめましょう。

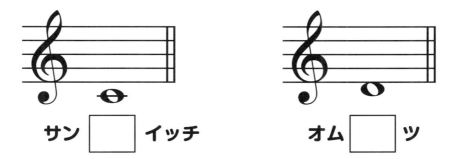

サン ☐ イッチ　　　オム ☐ ツ

☐の なかに おとの なまえを かきましょう。

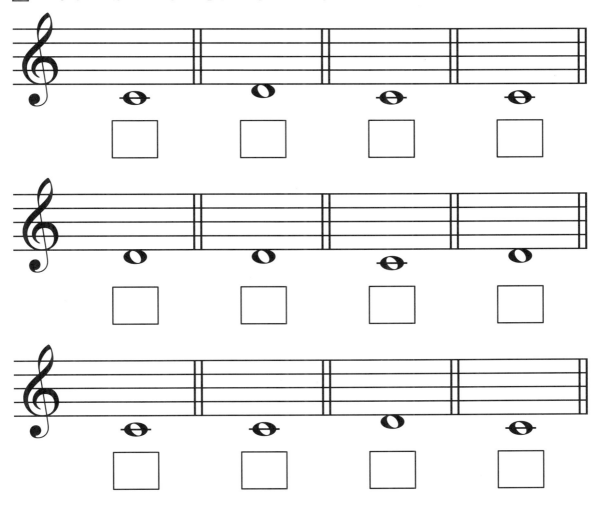

けんばんを みて こたえましょう。

▲の なかに けんばんの ばんごう、
□の なかに おとの なまえを かきましょう。

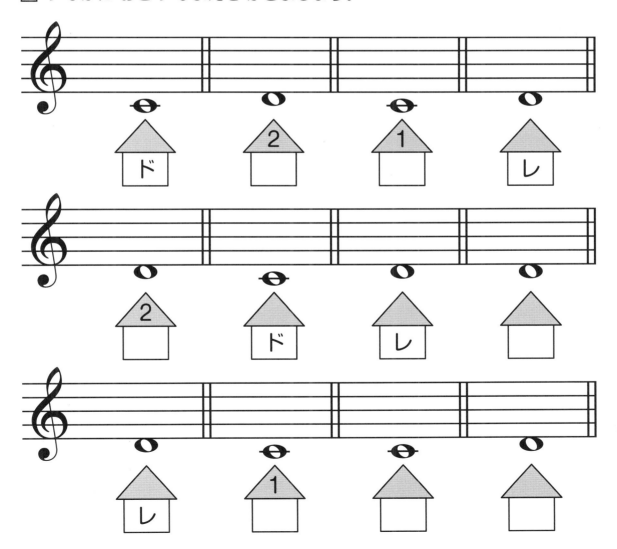

プリント ④ 　月　日

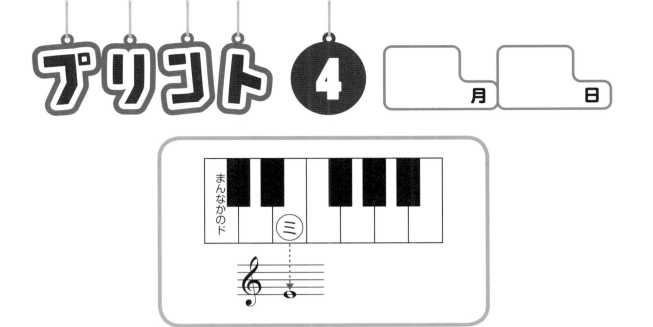

□の なかに おとの なまえを かきましょう。

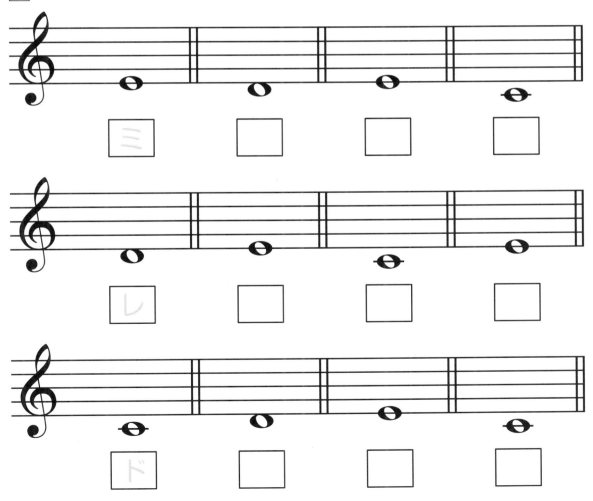

プリント 5

おんぷを よんで □を うめましょう。

ネズ□　　□ンガ　　□ラム

□の なかに おとの なまえを かきましょう。

けんばんを みて こたえましょう。

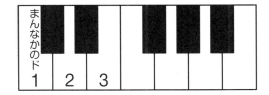

▲の なかに けんばんの ばんごう、
□の なかに おとの なまえを かきましょう。

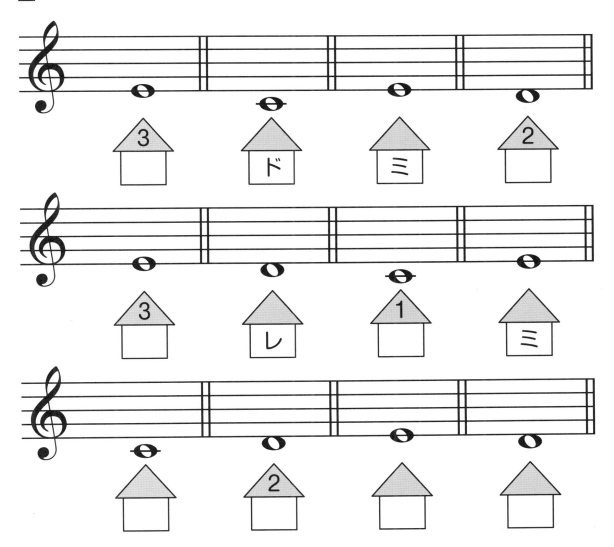

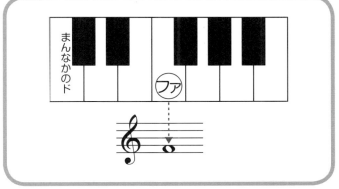

□の なかに おとの なまえを かきましょう。

おんぷを よんで □を うめましょう。

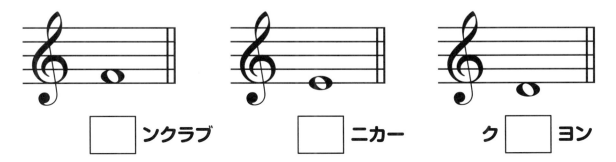

□の なかに おとの なまえを かきましょう。

けんばんを みて こたえましょう。

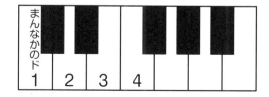

▲の なかに けんばんの ばんごう、
□の なかに おとの なまえを かきましょう。

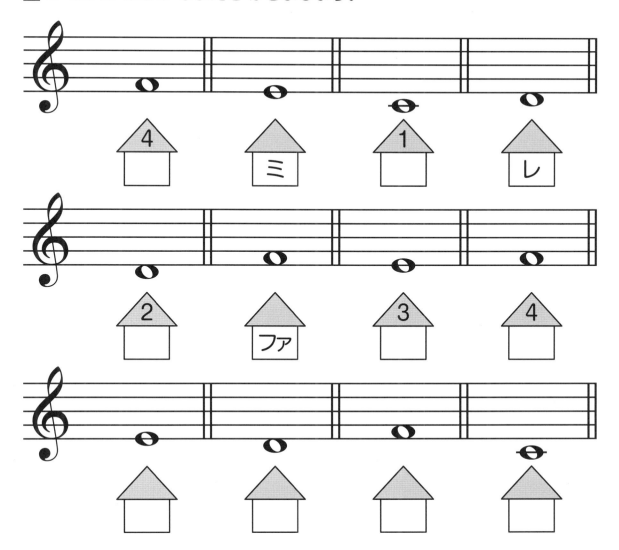

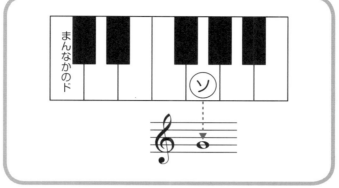

□の なかに おとの なまえを かきましょう。

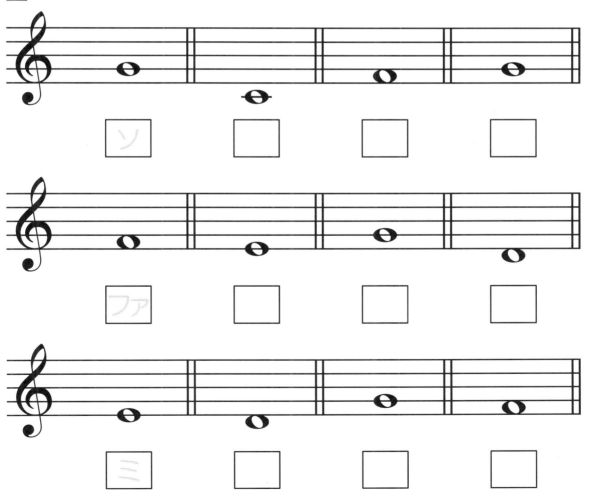

おんぷを よんで □を うめましょう。

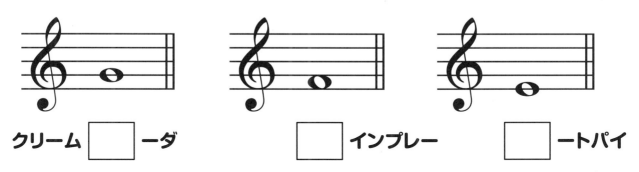

クリーム □ ーダ　　　□ インプレー　　　□ ートパイ

□の なかに おとの なまえを かきましょう。

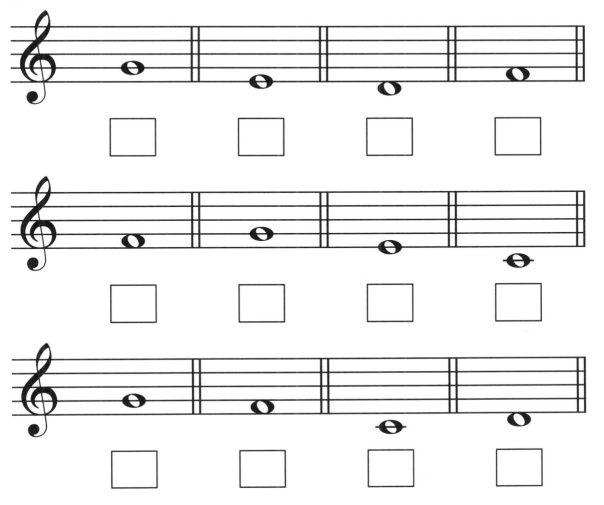

けんばんを みて こたえましょう。

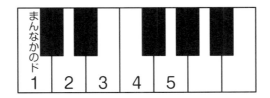

▲の なかに けんばんの ばんごう、
□の なかに おとの なまえを かきましょう。

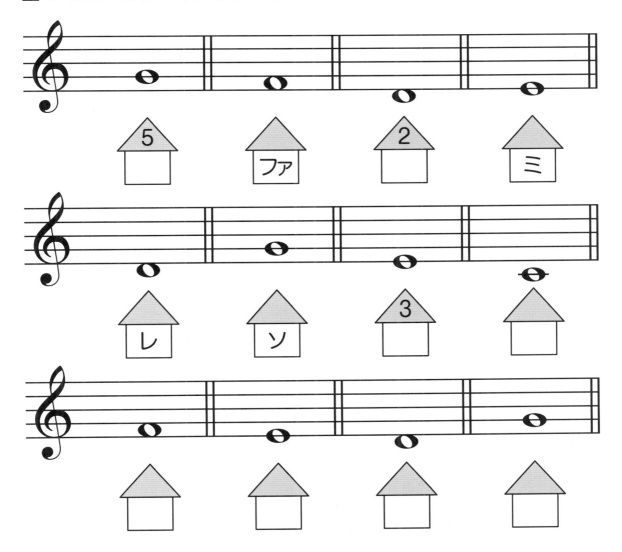

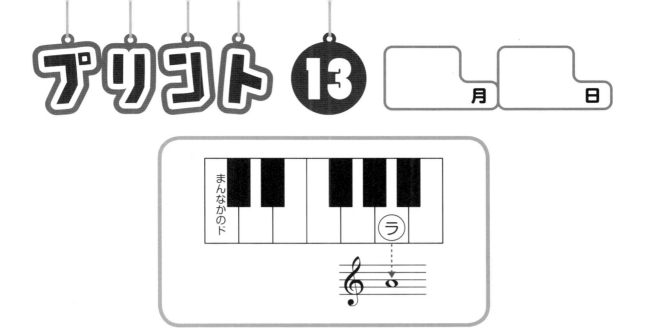

□の なかに おとの なまえを かきましょう。

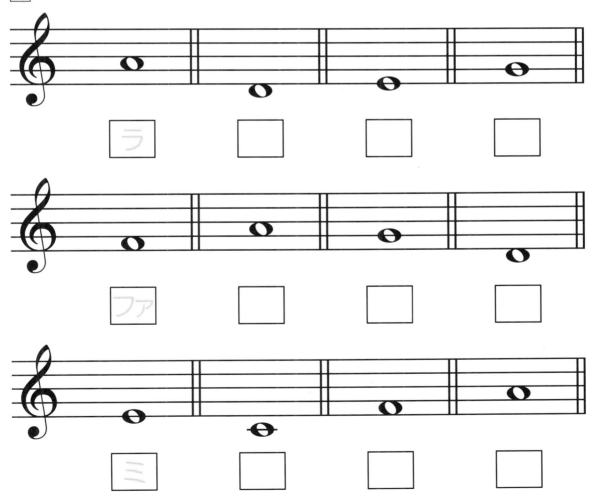

プリコト ⑭   月　日

おんぷを よんで □を うめましょう。

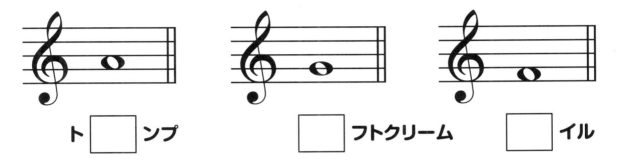

ト□ンプ　　　□フトクリーム　　　□イル

□の なかに おとの なまえを かきましょう。

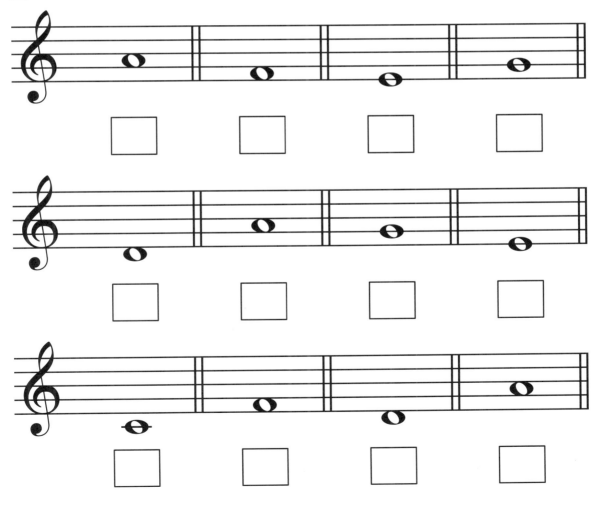

けんばんを みて こたえましょう。

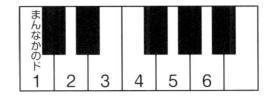

▲の なかに けんばんの ばんごう、
□の なかに おとの なまえを かきましょう。

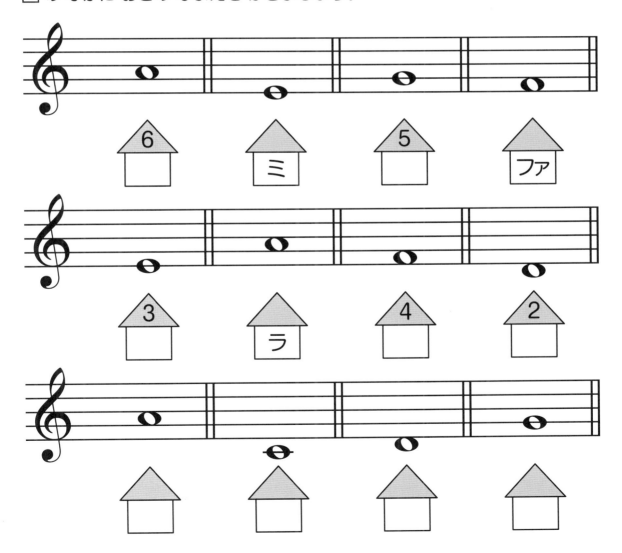

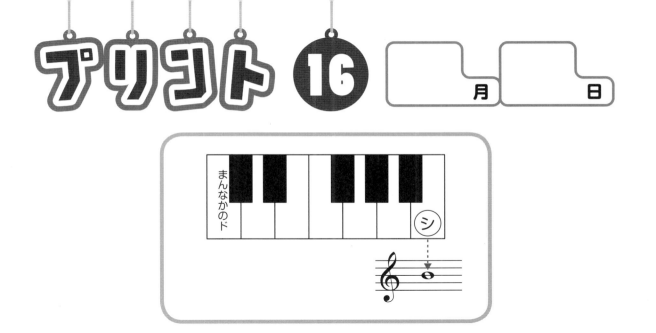

□の なかに おとの なまえを かきましょう。

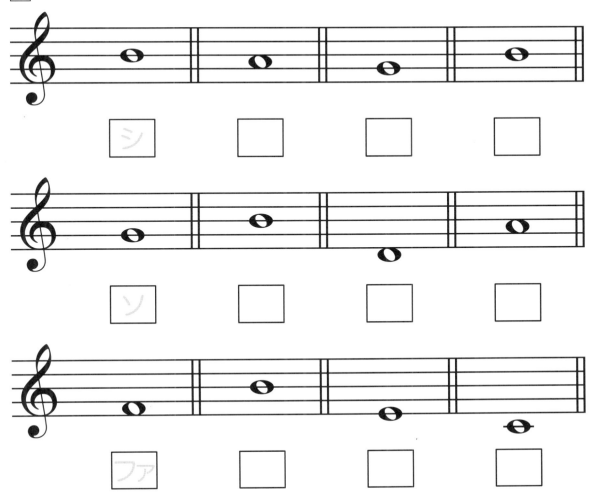

おんぷを よんで □を うめましょう。

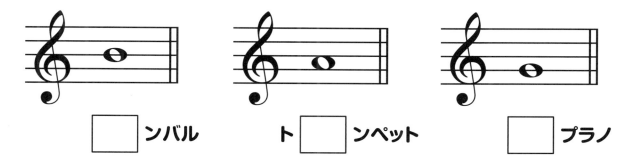

□の なかに おとの なまえを かきましょう。

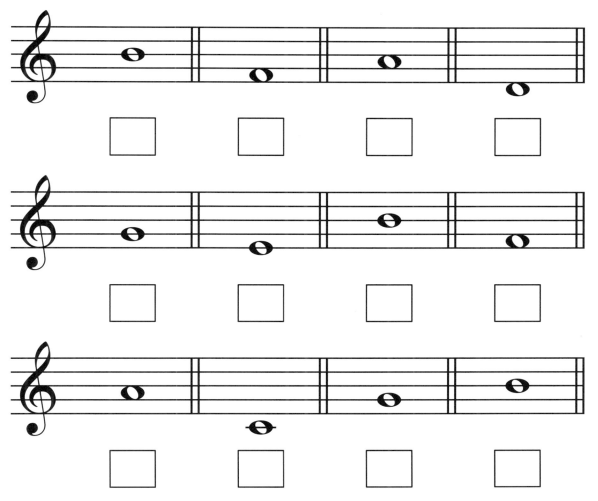

けんばんを みて こたえましょう。

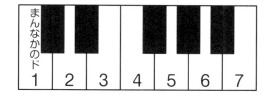

▲の なかに けんばんの ばんごう、
□の なかに おとの なまえを かきましょう。

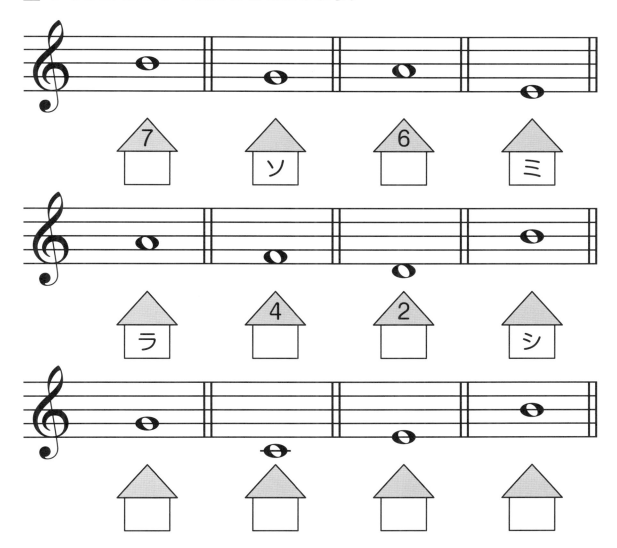

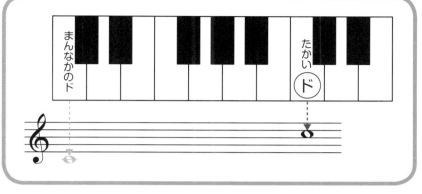

□の なかに おとの なまえを かきましょう。

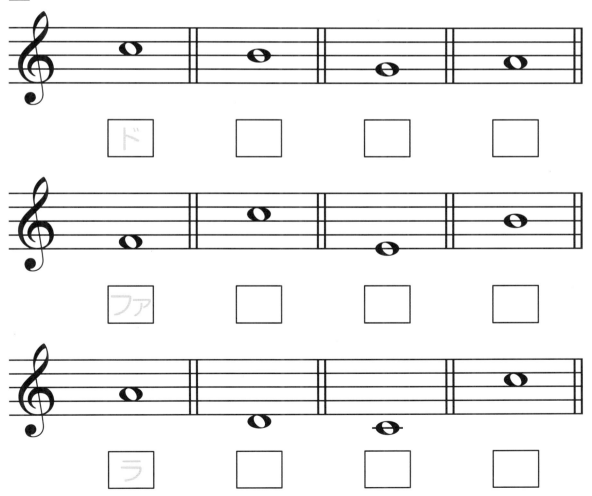

プリント ⑳　　月　日

おんぷを よんで □を うめましょう。

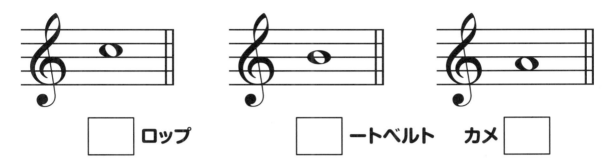

□ロップ　　□ートベルト　　カメ□

□の なかに おとの なまえを かきましょう。

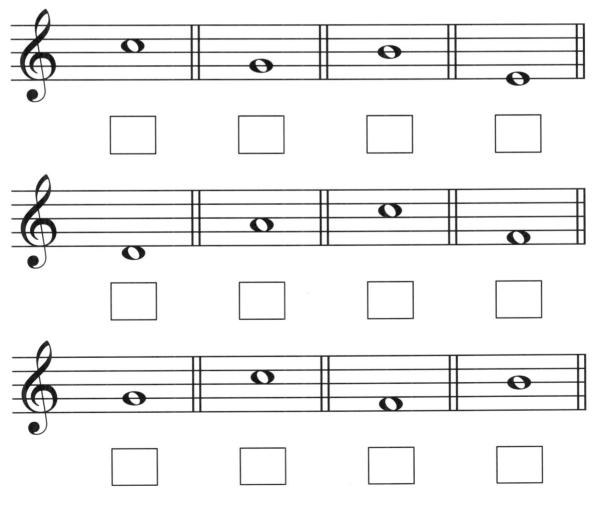

けんばんを みて こたえましょう。

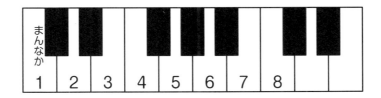

▲の なかに けんばんの ばんごう、
□の なかに おとの なまえを かきましょう。

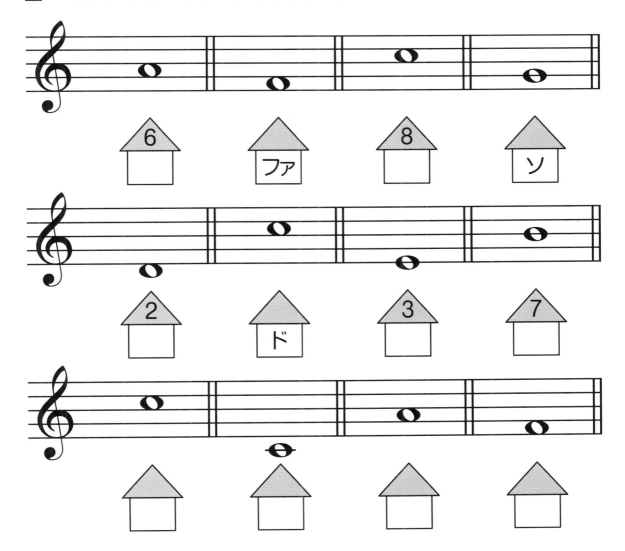

スタートからゴールまで △の なかに おとのなまえを かいていきましょう。
☆には けんばんのばんごうを かきましょう。

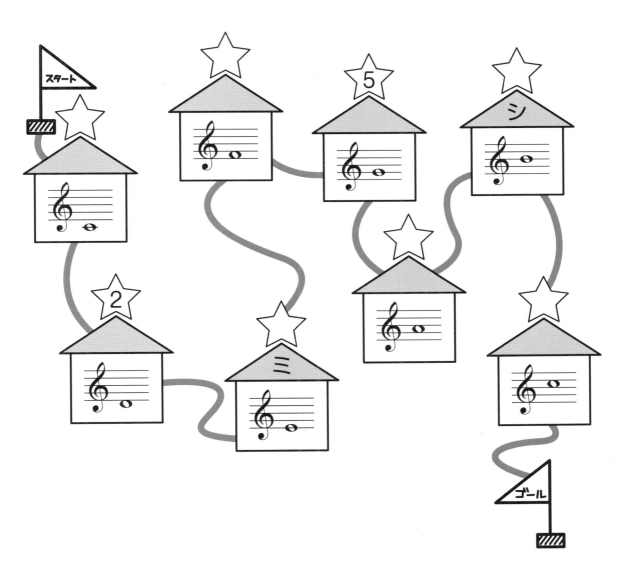

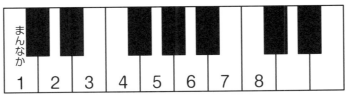

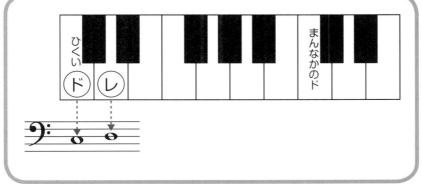

☐の なかに おとの なまえを かきましょう。

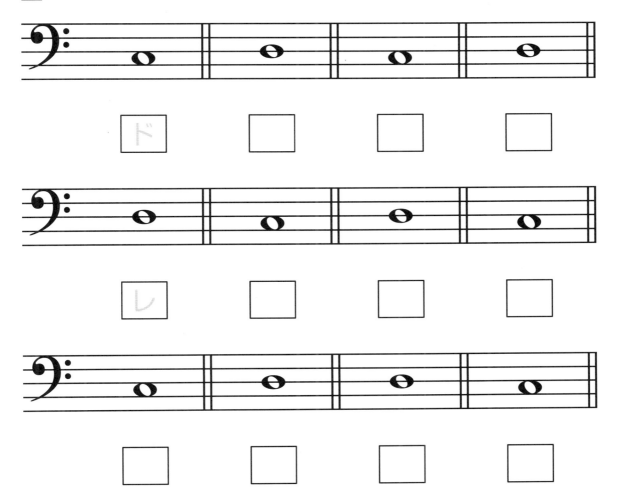

おんぷを よんで □を うめましょう。

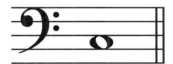 

ハン □ クリーム　　　　　□ インコート

□の なかに おとの なまえを かきましょう。

けんばんを みて こたえましょう。

▲の なかに けんばんの ばんごう、
□の なかに おとの なまえを かきましょう。

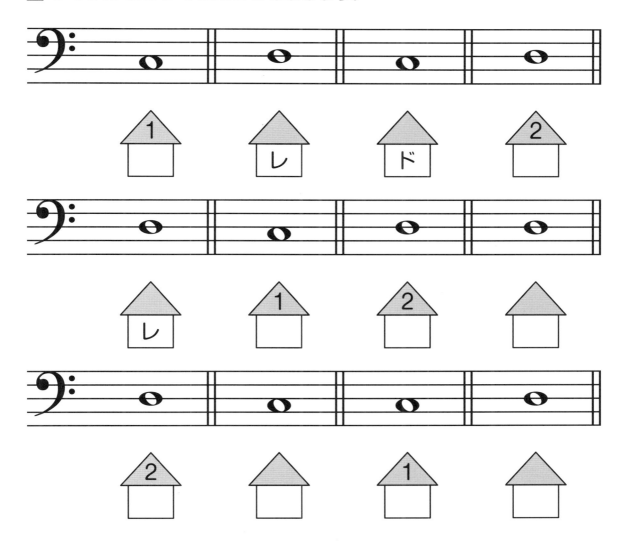

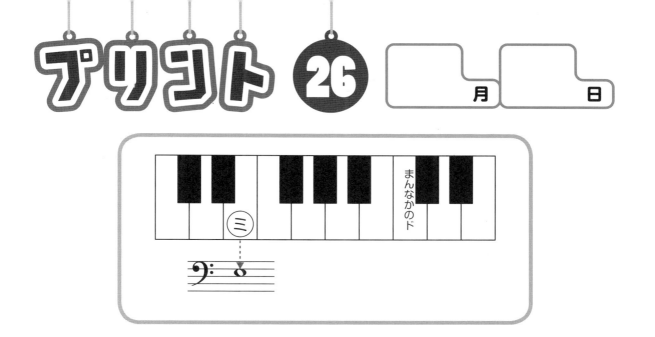

□の なかに おとの なまえを かきましょう。

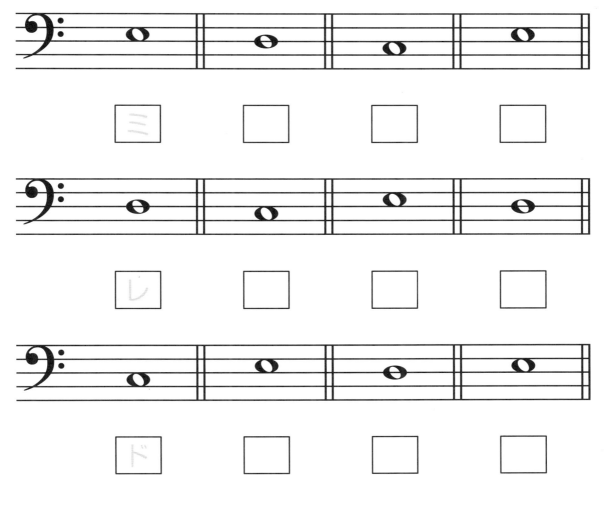

プリント 27

おんぷを よんで □を うめましょう。

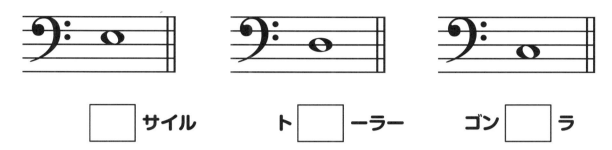

□の なかに おとの なまえを かきましょう。

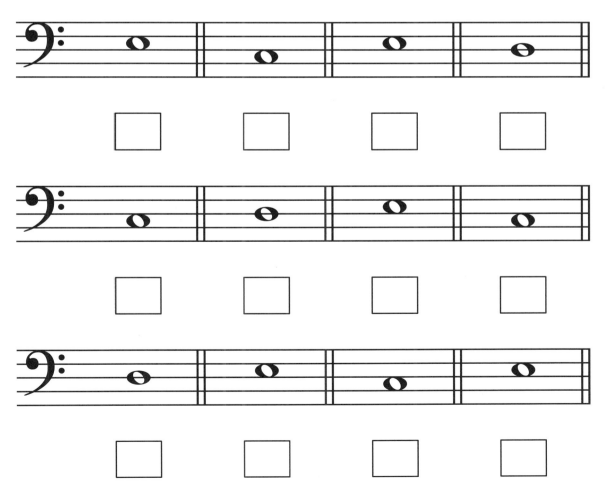

けんばんを みて こたえましょう。

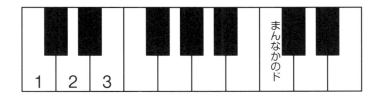

▲の なかに けんばんの ばんごう、
□の なかに おとの なまえを かきましょう。

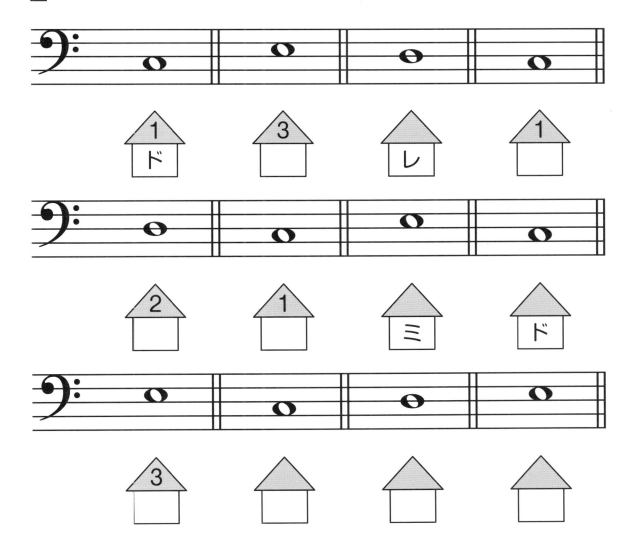

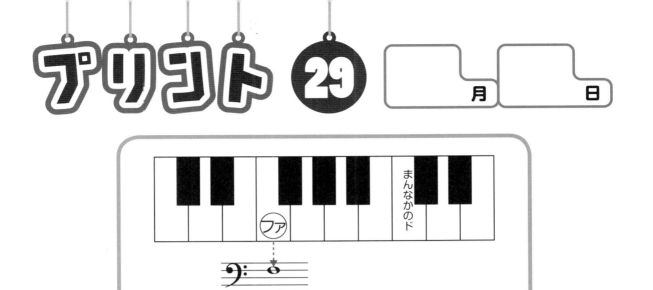

□の なかに おとの なまえを かきましょう。

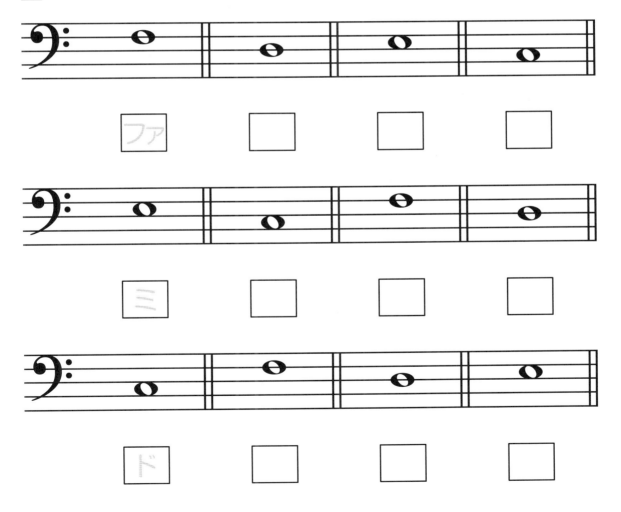

プリント 30　月　日

おんぷを よんで □を うめましょう。

ンヒーター　ケネコ　ンジ

□の なかに おとの なまえを かきましょう。

けんばんを みて こたえましょう。

▲の なかに けんばんの ばんごう、
□の なかに おとの なまえを かきましょう。

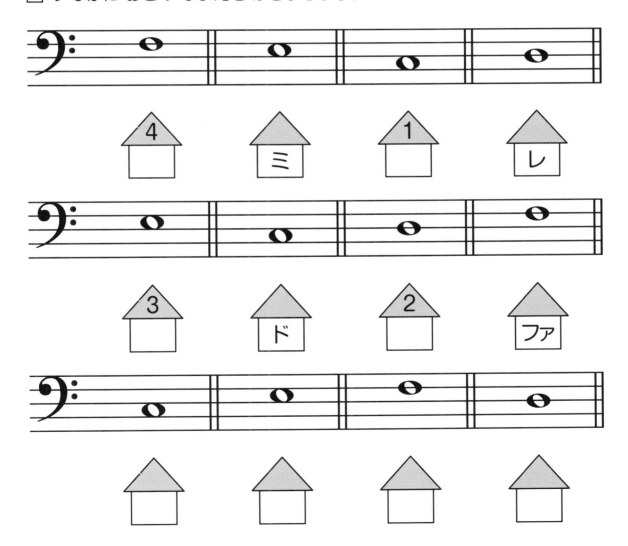

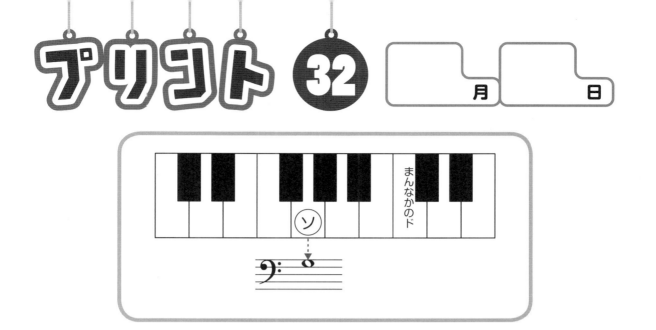

□の なかに おとの なまえを かきましょう。

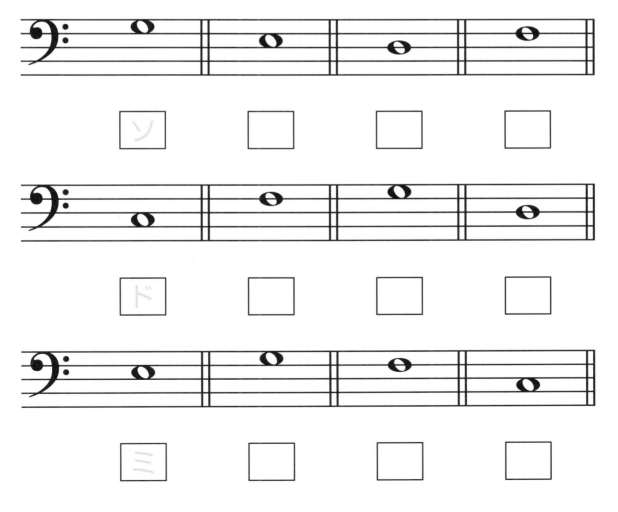

おんぷを よんで □を うめましょう。

 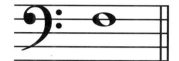 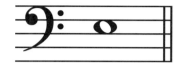

ミート □ ース   □ ストフード   □ ルフィーユ

□の なかに おとの なまえを かきましょう。

けんばんを みて こたえましょう。

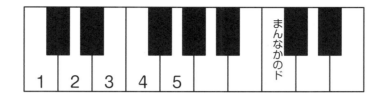

▲の なかに けんばんの ばんごう、
□の なかに おとの なまえを かきましょう。

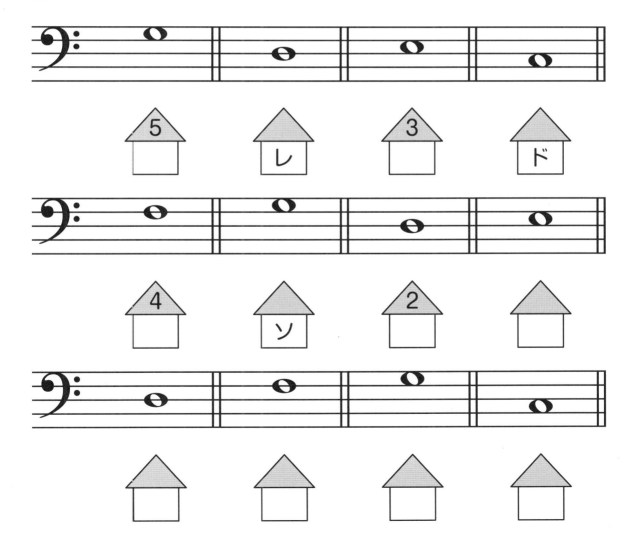

プリコト ㉟

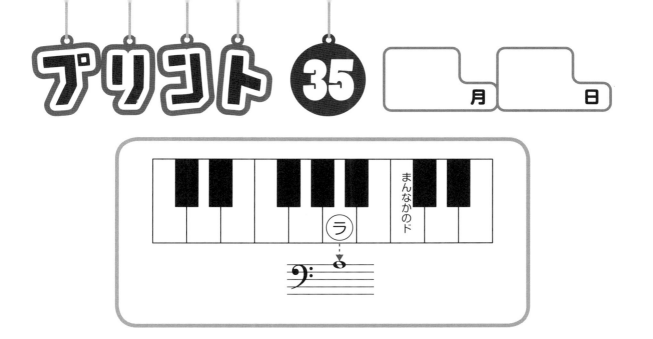

□の なかに おとの なまえを かきましょう。

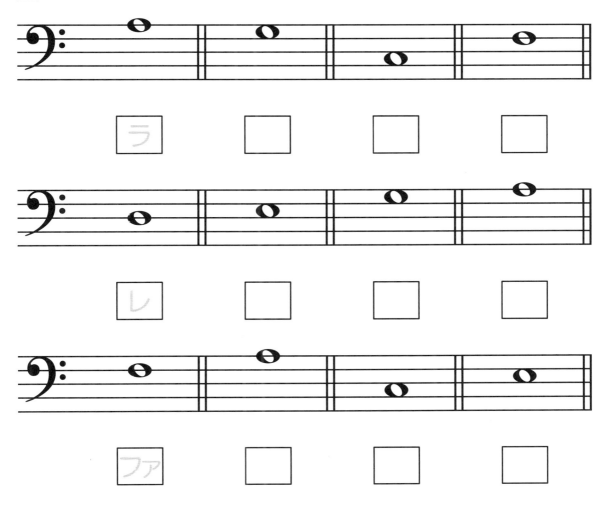

おんぷを よんで □を うめましょう。

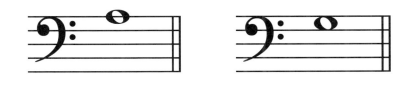

コア　　ヤキ□バ　　□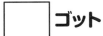ゴット

□の なかに おとの なまえを かきましょう。

けんばんを みて こたえましょう。

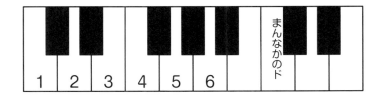

▲の なかに けんばんの ばんごう、
□の なかに おとの なまえを かきましょう。

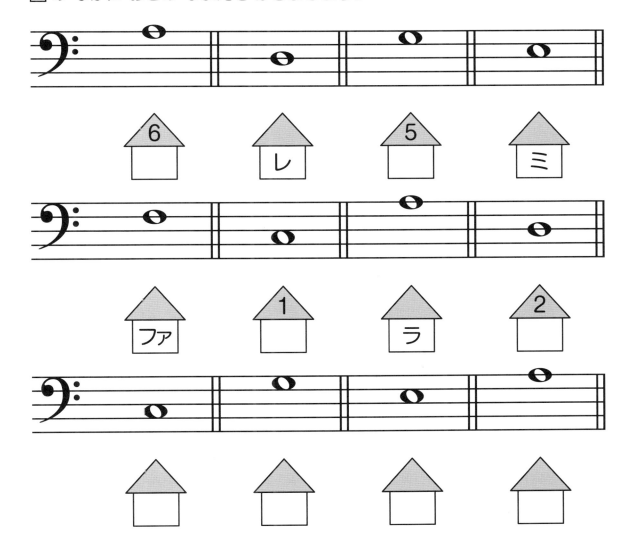

プリント 38

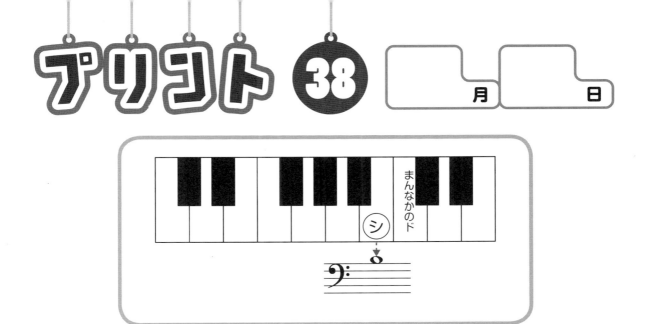

□の なかに おとの なまえを かきましょう。

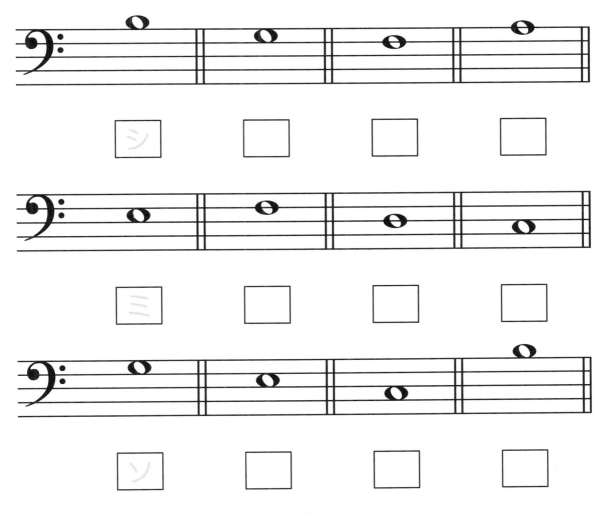

プリント ㊴ 　月　日

おんぷを よんで □を うめましょう。

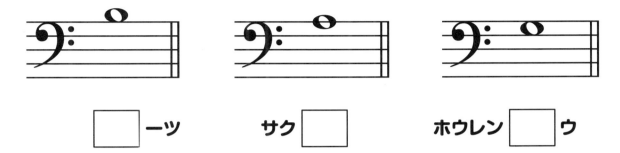

□ーツ　　　サク□　　　ホウレン□ウ

□の なかに おとの なまえを かきましょう。

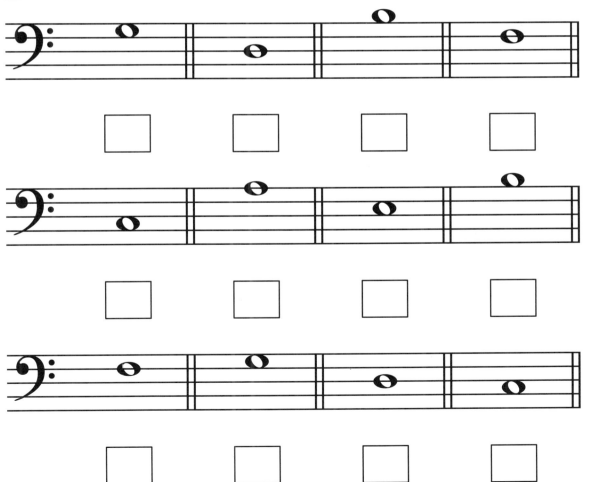

けんばんを みて こたえましょう。

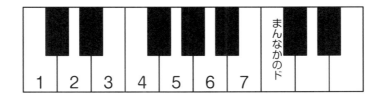

▲の なかに けんばんの ばんごう、
□の なかに おとの なまえを かきましょう。

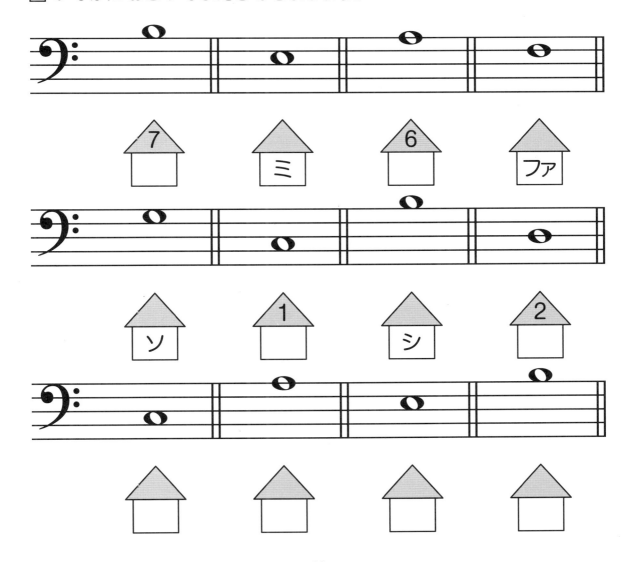

プリント 41

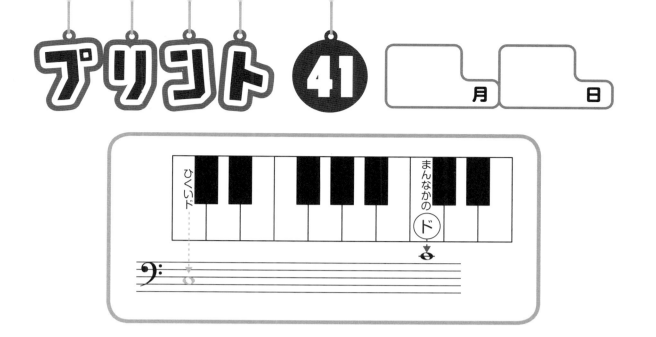

□の なかに おとの なまえを かきましょう。

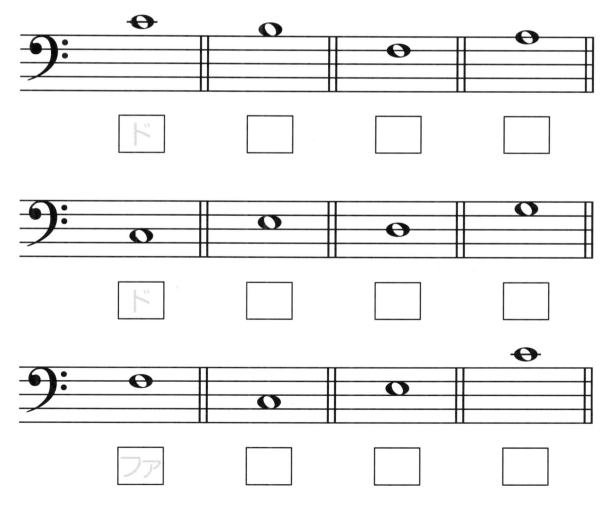

おんぷを よんで □を うめましょう。

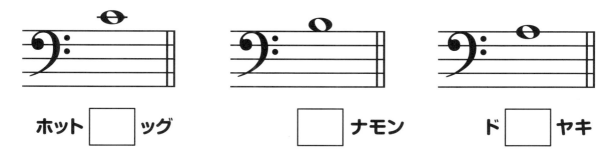

ホット□ッグ　　　□ナモン　　　ド□ヤキ

□の なかに おとの なまえを かきましょう。

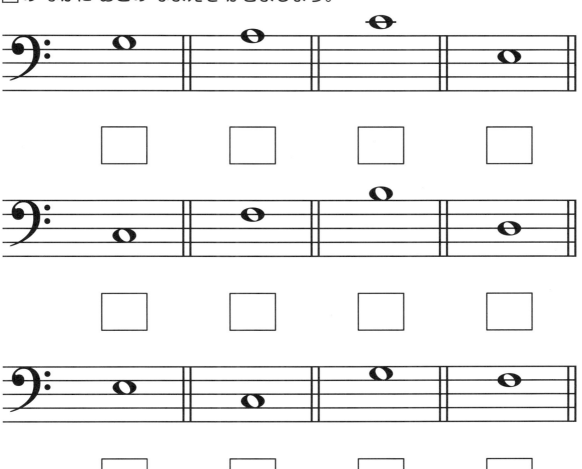

けんばんを みて こたえましょう。

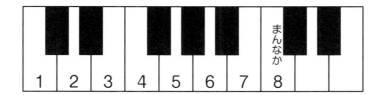

▲の なかに けんばんの ばんごう、
□の なかに おとの なまえを かきましょう。

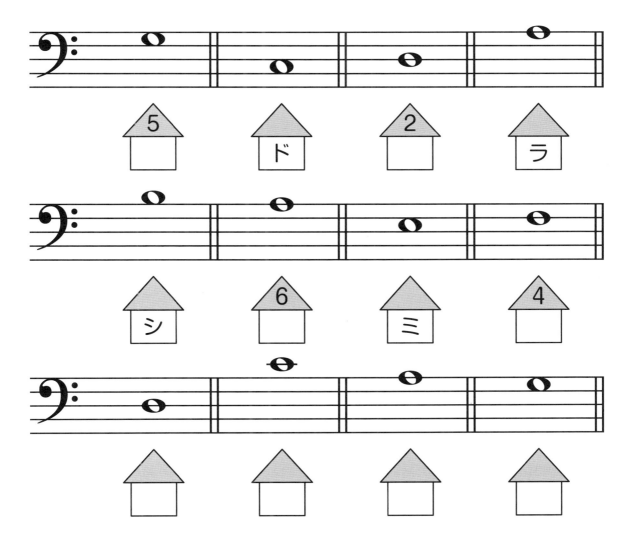

スタートからゴールまで △の なかに おとのなまえを かいていきましょう。
☆には けんばんのばんごうを かきましょう。

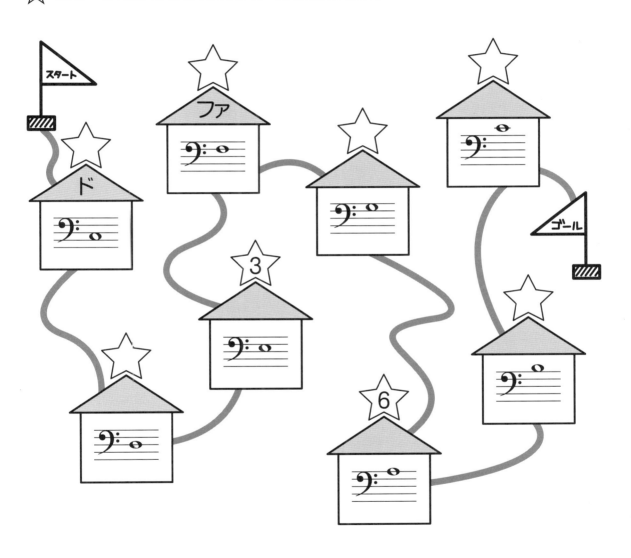

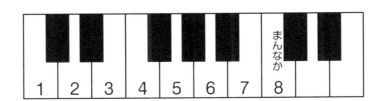

5せんに おんぷ △の なかに おとのなまえを かいていきましょう。

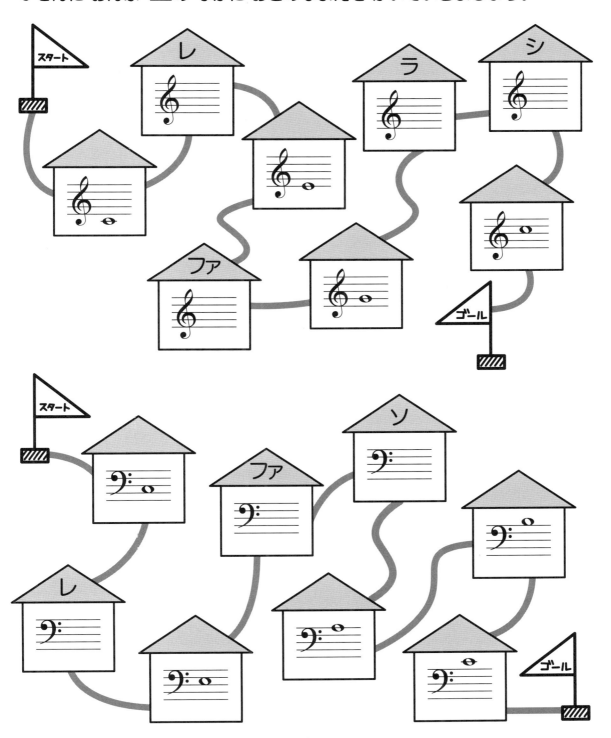

解答 プリント1～9

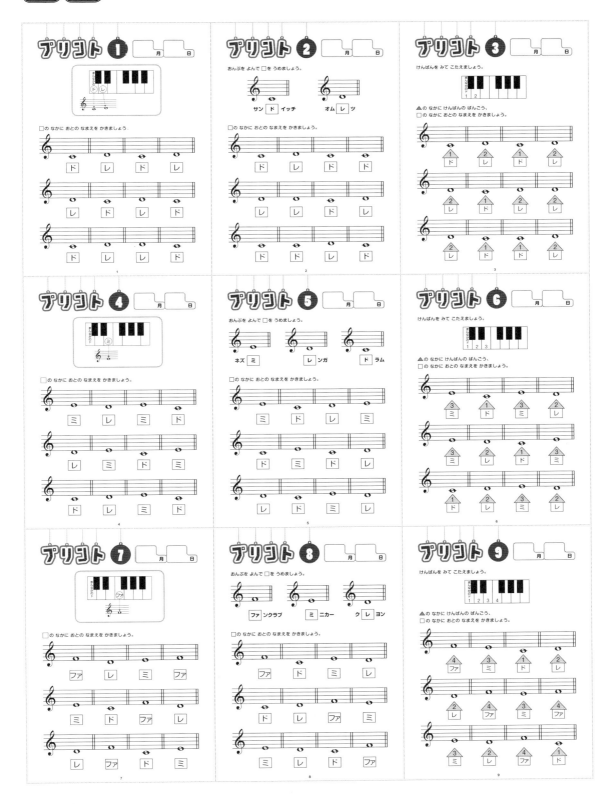

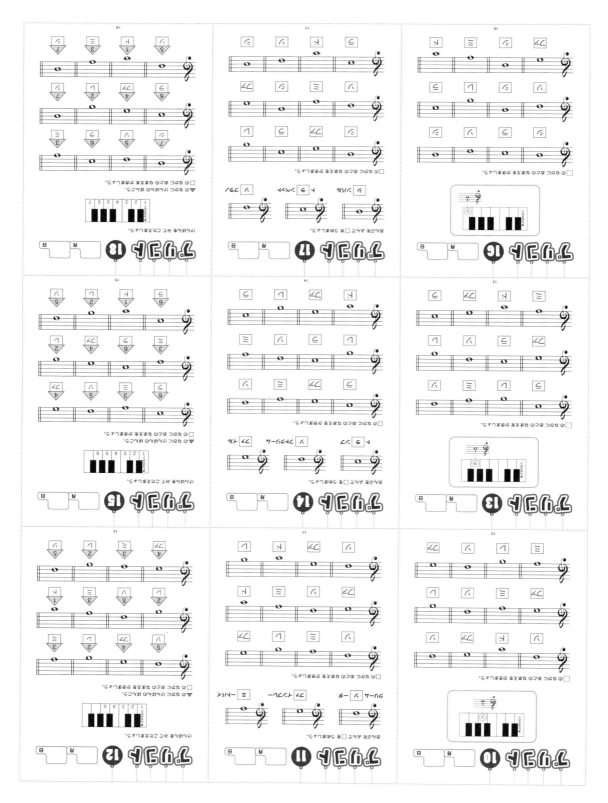

解答 プリント 19〜27

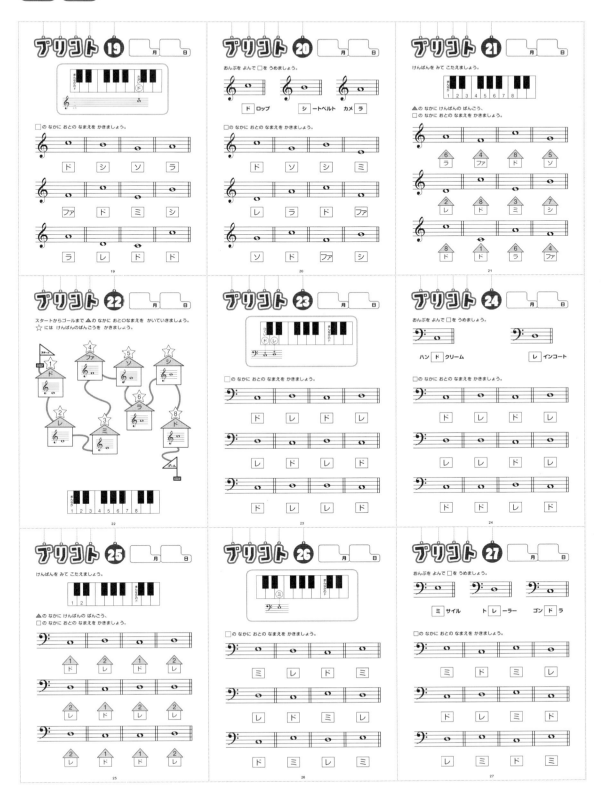

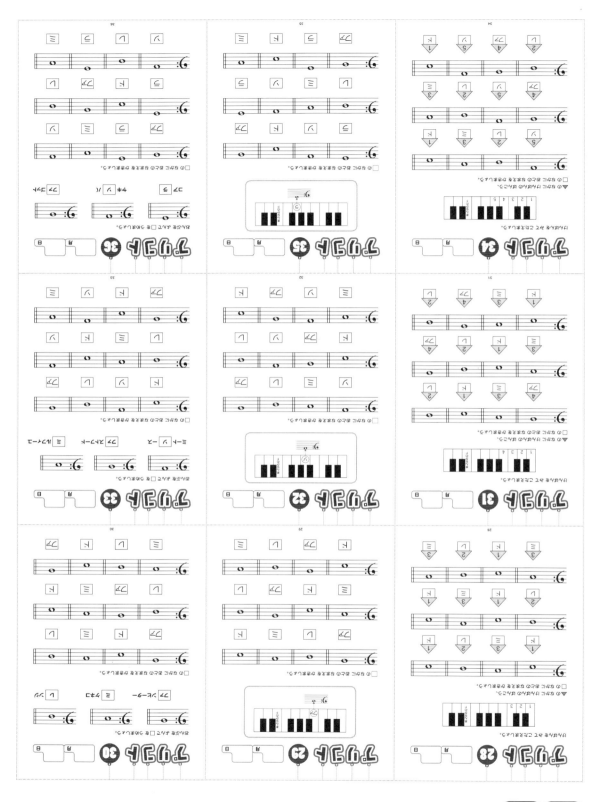

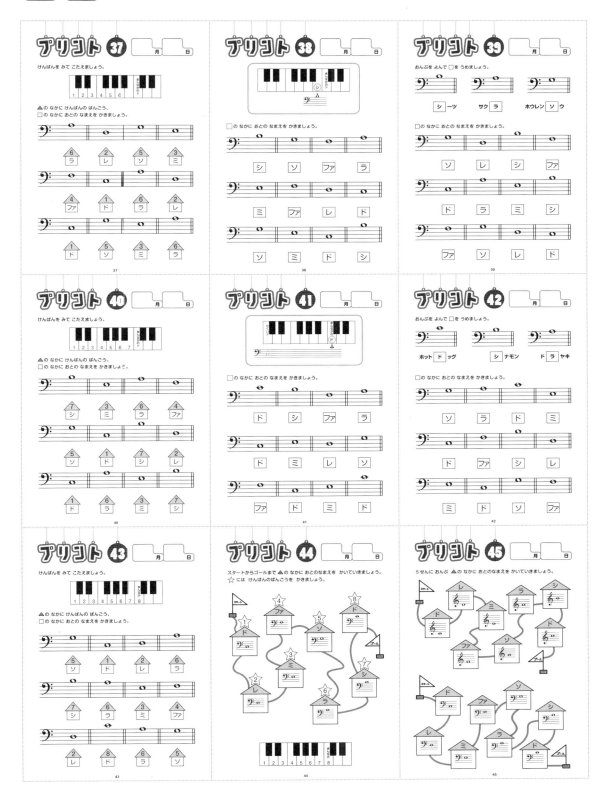

賞 状

_____ さん

あなたは、

「毎日のプリント 読書 導入編」を

終わりまでよく勉強しました。

ここに、賞としてこのしょうを贈呈いたします。

年　　月　　日

教室名 _____

指導者名 _____